This Book Belongs To

_____

Date:_____/ _____/ _____

UNICORNS
are real

Date:_____/_____/_____

DREAMER

Date:_____/ _____/ _____

UNICORNS
are real

Date:_____/_____/_____

DREAMER

Date:_____/ \_\_\_\_/ \_\_\_\_

UNICORNS
are real

Date:_____/ _____/ _____

DREAMER

Date:_____/ _____/ _____

UNICORNS
are real

Date:_____/ _____/ _____

DREAMER

Date:_____/ _____/ _____

UNICORNS
are real

Date:_____/ _____/ _____

DREAMER

Date:_____/_____/_____

UNICORNS
are real

Date:_____/ _____/ _____

DREAMER

Date:_____/ _____/ _____

UNICORNS
are real

Date:_____/ _____/ _____

DREAMER

Date:_____/_____/_____

UNICORNS
are real

Date:_____/ _____/ _____

DREAMER

Date:_____/_____/_____

UNICORNS
are real

Date:_____/ ____/ ____

DREAMER

Date:_____/ _____/ _____

UNICORNS
are real

Date:_____/ _____/ _____

DREAMER

Date:_____/ _____/ _____

UNICORNS
are real

Date:_____/ _____/ _____

DREAMER

Date:_____/ ____/ ____

UNICORNS
are real

Date:_____/ ____/ ____

DREAMER

Date:_____/ _____/ _____

UNICORNS
are real

Date:_____/ ____/ ____

DREAMER

Date:_____/ _____/ _____

UNICORNS
are real

Date:_____/____/____

DREAMER

Date:_____/ ____/ ____

UNICORNS
are real

Date:_____/_____/_____

DREAMER

Date:_____/ _____/ _____

UNICORNS
are real

Date:_____/ ____/ ____

DREAMER

Date:_____/ _____/ _____

UNICORNS
are real

Date:_____/____/____

DREAMER

Date:_____/ _____/ _____

UNICORNS
are real

Date:_____/_____/_____

DREAMER

Date:_____/ _____/ _____

UNICORNS
are real

Date:_____/ _____/ _____

DREAMER

Date:_____/ _____/ _____

UNICORNS
are real

Date:_____/ ____/ ____

DREAMER

Date:_____/ _____/ _____

UNiCORNS
are real

Date:_____/ _____/ _____

DREAMER

Date:_____/ _____/ _____

UNICORNS
are real

Date:_____/ _____/ _____

DREAMER

Date:_____/ _____ / _____

UNICORNS
are real

Date:_____/ _____/ _____

DREAMER

Date:_____/ _____/ _____

UNICORNS
are real

Date:_____/ _____/ _____

DREAMER

Date:_____/ _____/ _____

UNICORNS
are real

Date:_____/_____/_____

DREAMER

Date:_____/ _____/ _____

UNICORNS
are real

Date:_____/ _____/ _____

DREAMER

Date:_____/ _____/ _____

UNICORNS
are real

Date:_____/_____/_____

DREAMER

Date:_____/ \_\_\_\_/ \_\_\_\_

UNICORNS
are real

Date:_____/_____/_____

DREAMER

Date:_____/ ____/ ____

UNICORNS
are real

Date:_____/ _____/ _____

DREAMER

Date:_____/ _____/ _____

UNICORNS
are real

Date:_____/ _____/ _____

DREAMER

Date:_____/ _____/ _____

UNICORNS
are real

Date:_____/ ____/ ____

DREAMER

Date:_____/ \_\_\_\_/ \_\_\_\_

UNICORNS
are real

Date:_____/ _____/ _____

DREAMER

Date:_____/ _____/ _____

UNICORNS
are real

Date:_____/ _____/ _____

DREAMER

Date:_____/_____/_____

UNICORNS
are real

Date:_____/ _____/ _____

DREAMER

Date:_____/ ____/ ____

UNICORNS
are real

Date:_____/ _____/ _____

DREAMER

Date:_____/_____/_____

UNICORNS
are real

Date:_____/ _____/ _____

DREAMER

Date:_____/ _____/ _____

UNICORNS
are real

Date:_____/ ____/ ____

DREAMER

Date:_____/____/____

UNICORNS
are real

Date:_____/_____/_____

DREAMER

Date:_____/_____/_____

UNICORNS
are real

Date:_____/ _____/ _____

DREAMER

Date:_____/_____/_____

UNICORNS
are real

Date:_____/ _____/ _____

DREAMER

Date:_____/ ____/ ____

UNiCORNS
are real

Date:_____/ _____/ _____

DREAMER

Date:_____/ _____/ _____

UNICORNS
are real

Date:_____/_____/_____

DREAMER

Date:_____/ _____/ _____

UNICORNS
are real

Date:_____/ _____/ _____

DREAMER

Date:_____/_____/_____

UNICORNS
are real

Date:_____/ _____/ _____

DREAMER

Date:_____/_____/_____

UNiCORNS
are real

Date:_____/_____/_____

DREAMER

Date:_____/ _____/ _____

UNICORNS
are real

Date:_____/ _____/ _____

DREAMER

Date:_____/ _____/ _____

UNICORNS
are real

Date:_____/_____/_____

DREAMER

Date:_____/_____/_____

UNICORNS
are real

Date:_____/ _____/ _____

DREAMER

Date:_____/ _____/ _____

UNICORNS
are real

Date:_____/ _____/ _____

DREAMER

Date:_____/_____/_____

UNICORNS
are real

Date:_____/ _____/ _____

DREAMER

Date:_____/ _____/ _____

UNICORNS
are real

Date:_____/_____/_____

DREAMER

Date:_____/ _____/ _____

UNICORNS
are real

Date:_____/ _____/ _____

DREAMER

Date:_____/_____/_____

UNICORNS
are real

Date:_____/_____/_____

DREAMER

Made in the USA
Middletown, DE
05 July 2018